RUNNING / JOGGING LOG

YEAR _____ MONTH _____

DATE	DISTANCE	TIME	PACE	HR	RESPIRATION TYPE	SHOES	NOTES

RUNNING / JOGGING LOG

YEAR _____ MONTH _____

DATE	DISTANCE	TIME	PACE	HR	REST HR	RUN TYPE	SHOES	NOTES

RUNNING / JOGGING LOG

YEAR _____ MONTH _____

DATE	DISTANCE	TIME	PACE	HR	REST HR	RUN TYPE	SHOES	NOTES

RUNNING / JOGGING LOG

YEAR _____ MONTH _____

DATE	DISTANCE	TIME	PACE	HR	REST HR	RUN TYPE	SHOES	NOTES

RUNNING / JOGGING LOG

YEAR _____ MONTH _____

DATE	DISTANCE	TIME	PACE	HR	REST HR	RUN TYPE	SHOES	NOTES

RUNNING / JOGGING LOG

YEAR _____ MONTH _____

DATE	DISTANCE	TIME	PACE	HR	REST HR	RUN TYPE	SHOES	NOTES

RUNNING / JOGGING LOG

YEAR _____ MONTH _____

DATE	DISTANCE	TIME	PACE	HR	REST HR	RUN TYPE	SHOES	NOTES

RUNNING / JOGGING LOG

YEAR _____ MONTH _____

DATE	DISTANCE	TIME	PACE	HR	REST HR	RUN TYPE	SHOES	NOTES

RUNNING / JOGGING LOG

YEAR _____ MONTH _____

DATE	DISTANCE	TIME	PACE	HR	REST HR	RUN TYPE	SHOES	NOTES

RUNNING / JOGGING LOG

YEAR _____ MONTH _____

DATE	DISTANCE	TIME	PACE	HR	REST HR	RUN TYPE	SHOES	NOTES

RUNNING / JOGGING LOG

YEAR _____ MONTH _____

DATE	DISTANCE	TIME	PACE	HR	REST HR	RUN TYPE	SHOES	NOTES

RUNNING / JOGGING LOG

YEAR _____ MONTH _____

DATE	DISTANCE	TIME	PACE	HR	REST HR	RUN TYPE	SHOES	NOTES

RUNNING / JOGGING LOG

YEAR _____ MONTH _____

DATE	DISTANCE	TIME	PACE	HR	REST HR	RUN TYPE	SHOES	NOTES

RUNNING / JOGGING LOG

YEAR _____ MONTH _____

DATE	DISTANCE	TIME	PACE	HR	REST HR	RUN TYPE	SHOES	NOTES

RUNNING / JOGGING LOG

YEAR _____ MONTH _____

DATE	DISTANCE	TIME	PACE	HR	REST HR	RUN TYPE	SHOES	NOTES

RUNNING / JOGGING LOG

YEAR _____ MONTH _____

DATE	DISTANCE	TIME	PACE	HR	REST HR	RUN TYPE	SHOES	NOTES

RUNNING / JOGGING LOG

YEAR _____ MONTH _____

DATE	DISTANCE	TIME	PACE	HR	REST HR	RUN TYPE	SHOES	NOTES

RUNNING / JOGGING LOG

YEAR _____ MONTH _____

DATE	DISTANCE	TIME	PACE	HR	REST HR	RUN TYPE	SHOES	NOTES

RUNNING / JOGGING LOG

YEAR _____ MONTH _____

DATE	DISTANCE	TIME	PACE	HR	REST HR	RUN TYPE	SHOES	NOTES

RUNNING / JOGGING LOG

YEAR _____ MONTH _____

DATE	DISTANCE	TIME	PACE	HR	REST HR	RUN TYPE	SHOES	NOTES

RUNNING / JOGGING LOG

YEAR _____ MONTH _____

DATE	DISTANCE	TIME	PACE	HR	REST HR	RUN TYPE	SHOES	NOTES

RUNNING / JOGGING LOG

YEAR _____ MONTH _____

DATE	DISTANCE	TIME	PACE	HR	REST HR	RUN TYPE	SHOES	NOTES

RUNNING / JOGGING LOG

YEAR _____ MONTH _____

DATE	DISTANCE	TIME	PACE	HR	REST HR	RUN TYPE	SHOES	NOTES

RUNNING / JOGGING LOG

YEAR _____ MONTH _____

DATE	DISTANCE	TIME	PACE	HR	REST HR	RUN TYPE	SHOES	NOTES

RUNNING / JOGGING LOG

YEAR _____ MONTH _____

DATE	DISTANCE	TIME	PACE	HR	REST HR	RUN TYPE	SHOES	NOTES

RUNNING / JOGGING LOG

YEAR _____ MONTH _____

DATE	DISTANCE	TIME	PACE	HR	REST HR	RUN TYPE	SHOES	NOTES

RUNNING / JOGGING LOG

YEAR _____ MONTH _____

DATE	DISTANCE	TIME	PACE	HR	REST HR	RUN TYPE	SHOES	NOTES

RUNNING / JOGGING LOG

YEAR _____ MONTH _____

DATE	DISTANCE	TIME	PACE	HR	REST HR	RUN TYPE	SHOES	NOTES

RUNNING / JOGGING LOG

YEAR _____ MONTH _____

DATE	DISTANCE	TIME	PACE	HR	REST HR	RUN TYPE	SHOES	NOTES

RUNNING / JOGGING LOG

YEAR _____ MONTH _____

DATE	DISTANCE	TIME	PACE	HR	REST HR	RUN TYPE	SHOES	NOTES

RUNNING / JOGGING LOG

YEAR _____ MONTH _____

DATE	DISTANCE	TIME	PACE	HR	REST HR	RUN TYPE	SHOES	NOTES

RUNNING / JOGGING LOG

YEAR _____ MONTH _____

DATE	DISTANCE	TIME	PACE	HR	REST HR	RUN TYPE	SHOES	NOTES

RUNNING / JOGGING LOG

YEAR _____ MONTH _____

DATE	DISTANCE	TIME	PACE	HR	REST HR	RUN TYPE	SHOES	NOTES

RUNNING / JOGGING LOG

YEAR _____ MONTH _____

DATE	DISTANCE	TIME	PACE	HR	REST HR	RUN TYPE	SHOES	NOTES

RUNNING / JOGGING LOG

YEAR _____ MONTH _____

DATE	DISTANCE	TIME	PACE	HR	REST HR	RUN TYPE	SHOES	NOTES

RUNNING / JOGGING LOG

YEAR _____ MONTH _____

DATE	DISTANCE	TIME	PACE	HR	REST HR	RUN TYPE	SHOES	NOTES

RUNNING / JOGGING LOG

YEAR _____ MONTH _____

DATE	DISTANCE	TIME	PACE	HR	REST HR	RUN TYPE	SHOES	NOTES

RUNNING / JOGGING LOG

YEAR _____ MONTH _____

DATE	DISTANCE	TIME	PACE	HR	REST HR	RUN TYPE	SHOES	NOTES

RUNNING / JOGGING LOG

YEAR _____ MONTH _____

DATE	DISTANCE	TIME	PACE	HR	REST HR	RUN TYPE	SHOES	NOTES

RUNNING / JOGGING LOG

YEAR _____ MONTH _____

DATE	DISTANCE	TIME	PACE	HR	REST HR	RUN TYPE	SHOES	NOTES

RUNNING / JOGGING LOG

YEAR _____ MONTH _____

DATE	DISTANCE	TIME	PACE	HR	REST HR	RUN TYPE	SHOES	NOTES

RUNNING / JOGGING LOG

YEAR _____ MONTH _____

DATE	DISTANCE	TIME	PACE	HR	REST HR	RUN TYPE	SHOES	NOTES

RUNNING / JOGGING LOG

YEAR _____ MONTH _____

DATE	DISTANCE	TIME	PACE	HR	REST HR	RUN TYPE	SHOES	NOTES

RUNNING / JOGGING LOG

YEAR _____ MONTH _____

DATE	DISTANCE	TIME	PACE	HR	REST HR	RUN TYPE	SHOES	NOTES

RUNNING / JOGGING LOG

YEAR _____ MONTH _____

DATE	DISTANCE	TIME	PACE	HR	REST HR	RUN TYPE	SHOES	NOTES

RUNNING / JOGGING LOG

YEAR _____ MONTH _____

DATE	DISTANCE	TIME	PACE	HR	REST HR	RUN TYPE	SHOES	NOTES

RUNNING / JOGGING LOG

YEAR _____ MONTH _____

DATE	DISTANCE	TIME	PACE	HR	REST HR	RUN TYPE	SHOES	NOTES

RUNNING / JOGGING LOG

YEAR _____ MONTH _____

DATE	DISTANCE	TIME	PACE	HR	REST HR	RUN TYPE	SHOES	NOTES

RUNNING / JOGGING LOG

YEAR _____ MONTH _____

DATE	DISTANCE	TIME	PACE	HR	REST HR	RUN TYPE	SHOES	NOTES

RUNNING / JOGGING LOG

YEAR _____ MONTH _____

DATE	DISTANCE	TIME	PACE	HR	REST HR	RUN TYPE	SHOES	NOTES

RUNNING / JOGGING LOG

YEAR _____ MONTH _____

DATE	DISTANCE	TIME	PACE	HR	REST HR	RUN TYPE	SHOES	NOTES

RUNNING / JOGGING LOG

YEAR _____ MONTH _____

DATE	DISTANCE	TIME	PACE	HR	REST HR	RUN TYPE	SHOES	NOTES

RUNNING / JOGGING LOG

YEAR _____ MONTH _____

DATE	DISTANCE	TIME	PACE	HR	REST HR	RUN TYPE	SHOES	NOTES

RUNNING / JOGGING LOG

YEAR _____ MONTH _____

DATE	DISTANCE	TIME	PACE	HR	REST HR	RUN TYPE	SHOES	NOTES

RUNNING / JOGGING LOG

YEAR _____ MONTH _____

DATE	DISTANCE	TIME	PACE	HR	REST HR	RUN TYPE	SHOES	NOTES

RUNNING / JOGGING LOG

YEAR _____ MONTH _____

DATE	DISTANCE	TIME	PACE	HR	REST HR	RUN TYPE	SHOES	NOTES

RUNNING / JOGGING LOG

YEAR _____ MONTH _____

DATE	DISTANCE	TIME	PACE	HR	REST HR	RUN TYPE	SHOES	NOTES

RUNNING / JOGGING LOG

YEAR _____ MONTH _____

DATE	DISTANCE	TIME	PACE	HR	REST HR	RUN TYPE	SHOES	NOTES

RUNNING / JOGGING LOG

YEAR _____ MONTH _____

DATE	DISTANCE	TIME	PACE	HR	REST HR	RUN TYPE	SHOES	NOTES

RUNNING / JOGGING LOG

YEAR _____ MONTH _____

DATE	DISTANCE	TIME	PACE	HR	REST HR	RUN TYPE	SHOES	NOTES

RUNNING / JOGGING LOG

YEAR _____ MONTH _____

DATE	DISTANCE	TIME	PACE	HR	REST HR	RUN TYPE	SHOES	NOTES

RUNNING / JOGGING LOG

YEAR _____ MONTH _____

DATE	DISTANCE	TIME	PACE	HR	REST HR	RUN TYPE	SHOES	NOTES

RUNNING / JOGGING LOG

YEAR _____ MONTH _____

DATE	DISTANCE	TIME	PACE	HR	REST HR	RUN TYPE	SHOES	NOTES

RUNNING / JOGGING LOG

YEAR _____ MONTH _____

DATE	DISTANCE	TIME	PACE	HR	REST HR	RUN TYPE	SHOES	NOTES

RUNNING / JOGGING LOG

YEAR _____ MONTH _____

DATE	DISTANCE	TIME	PACE	HR	REST HR	RUN TYPE	SHOES	NOTES

RUNNING / JOGGING LOG

YEAR _____ MONTH _____

DATE	DISTANCE	TIME	PACE	HR	REST HR	RUN TYPE	SHOES	NOTES

RUNNING / JOGGING LOG

YEAR _____ MONTH _____

DATE	DISTANCE	TIME	PACE	HR	REST HR	RUN TYPE	SHOES	NOTES

RUNNING / JOGGING LOG

YEAR _____ MONTH _____

DATE	DISTANCE	TIME	PACE	HR	REST HR	RUN TYPE	SHOES	NOTES

RUNNING / JOGGING LOG

YEAR _____ MONTH _____

DATE	DISTANCE	TIME	PACE	HR	REST HR	RUN TYPE	SHOES	NOTES

RUNNING / JOGGING LOG

YEAR _____ MONTH _____

DATE	DISTANCE	TIME	PACE	HR	REST HR	RUN TYPE	SHOES	NOTES

RUNNING / JOGGING LOG

YEAR _____ MONTH _____

DATE	DISTANCE	TIME	PACE	HR	REST HR	RUN TYPE	SHOES	NOTES

RUNNING / JOGGING LOG

YEAR _____ MONTH _____

DATE	DISTANCE	TIME	PACE	HR	REST HR	RUN TYPE	SHOES	NOTES

RUNNING / JOGGING LOG

YEAR _____ MONTH _____

DATE	DISTANCE	TIME	PACE	HR	REST HR	RUN TYPE	SHOES	NOTES

RUNNING / JOGGING LOG

YEAR _____ MONTH _____

DATE	DISTANCE	TIME	PACE	HR	REST HR	RUN TYPE	SHOES	NOTES

RUNNING / JOGGING LOG

YEAR _____ MONTH _____

DATE	DISTANCE	TIME	PACE	HR	REST HR	RUN TYPE	SHOES	NOTES

RUNNING / JOGGING LOG

YEAR _____ MONTH _____

DATE	DISTANCE	TIME	PACE	HR	REST HR	RUN TYPE	SHOES	NOTES

RUNNING / JOGGING LOG

YEAR _____ MONTH _____

DATE	DISTANCE	TIME	PACE	HR	REST HR	RUN TYPE	SHOES	NOTES

RUNNING / JOGGING LOG

YEAR _____ MONTH _____

DATE	DISTANCE	TIME	PACE	HR	REST HR	RUN TYPE	SHOES	NOTES

RUNNING / JOGGING LOG

YEAR _____ MONTH _____

DATE	DISTANCE	TIME	PACE	HR	REST HR	RUN TYPE	SHOES	NOTES

RUNNING / JOGGING LOG

YEAR _____ MONTH _____

DATE	DISTANCE	TIME	PACE	HR	REST HR	RUN TYPE	SHOES	NOTES

RUNNING / JOGGING LOG

YEAR _____ MONTH _____

DATE	DISTANCE	TIME	PACE	HR	REST HR	RUN TYPE	SHOES	NOTES

RUNNING / JOGGING LOG

YEAR _____ MONTH _____

DATE	DISTANCE	TIME	PACE	HR	REST HR	RUN TYPE	SHOES	NOTES

RUNNING / JOGGING LOG

YEAR _____ MONTH _____

DATE	DISTANCE	TIME	PACE	HR	REST HR	RUN TYPE	SHOES	NOTES

RUNNING / JOGGING LOG

YEAR _____ MONTH _____

DATE	DISTANCE	TIME	PACE	HR	REST HR	RUN TYPE	SHOES	NOTES

RUNNING / JOGGING LOG

YEAR _____ MONTH _____

DATE	DISTANCE	TIME	PACE	HR	REST HR	RUN TYPE	SHOES	NOTES

RUNNING / JOGGING LOG

YEAR _____ MONTH _____

DATE	DISTANCE	TIME	PACE	HR	REST HR	RUN TYPE	SHOES	NOTES

RUNNING / JOGGING LOG

YEAR _____ MONTH _____

DATE	DISTANCE	TIME	PACE	HR	REST HR	RUN TYPE	SHOES	NOTES

RUNNING / JOGGING LOG

YEAR _____ MONTH _____

DATE	DISTANCE	TIME	PACE	HR	REST HR	RUN TYPE	SHOES	NOTES

RUNNING / JOGGING LOG

YEAR _____ MONTH _____

DATE	DISTANCE	TIME	PACE	HR	REST HR	RUN TYPE	SHOES	NOTES

RUNNING / JOGGING LOG

YEAR _____ MONTH _____

DATE	DISTANCE	TIME	PACE	HR	REST HR	RUN TYPE	SHOES	NOTES

RUNNING / JOGGING LOG

YEAR _____ MONTH _____

DATE	DISTANCE	TIME	PACE	HR	REST HR	RUN TYPE	SHOES	NOTES

RUNNING / JOGGING LOG

YEAR _____ MONTH _____

DATE	DISTANCE	TIME	PACE	HR	REST HR	RUN TYPE	SHOES	NOTES

RUNNING / JOGGING LOG

YEAR _____ MONTH _____

DATE	DISTANCE	TIME	PACE	HR	REST HR	RUN TYPE	SHOES	NOTES

RUNNING / JOGGING LOG

YEAR _____ MONTH _____

DATE	DISTANCE	TIME	PACE	HR	REST HR	RUN TYPE	SHOES	NOTES

RUNNING / JOGGING LOG

YEAR _____ MONTH _____

DATE	DISTANCE	TIME	PACE	HR	REST HR	RUN TYPE	SHOES	NOTES

RUNNING / JOGGING LOG

YEAR _____ MONTH _____

DATE	DISTANCE	TIME	PACE	HR	REST HR	RUN TYPE	SHOES	NOTES

RUNNING / JOGGING LOG

YEAR _____ MONTH _____

DATE	DISTANCE	TIME	PACE	HR	REST HR	RUN TYPE	SHOES	NOTES

RUNNING / JOGGING LOG

YEAR _____ MONTH _____

DATE	DISTANCE	TIME	PACE	HR	REST HR	RUN TYPE	SHOES	NOTES

RUNNING / JOGGING LOG

YEAR _____ MONTH _____

DATE	DISTANCE	TIME	PACE	HR	REST HR	RUN TYPE	SHOES	NOTES

RUNNING / JOGGING LOG

YEAR _____ MONTH _____

DATE	DISTANCE	TIME	PACE	HR	REST HR	RUN TYPE	SHOES	NOTES

RUNNING / JOGGING LOG

YEAR _____ MONTH _____

DATE	DISTANCE	TIME	PACE	HR	REST HR	RUN TYPE	SHOES	NOTES

RUNNING / JOGGING LOG

YEAR _____ MONTH _____

DATE	DISTANCE	TIME	PACE	HR	REST HR	RUN TYPE	SHOES	NOTES

RUNNING / JOGGING LOG

YEAR _____ MONTH _____

DATE	DISTANCE	TIME	PACE	HR	REST HR	RUN TYPE	SHOES	NOTES

RUNNING / JOGGING LOG

YEAR _____ MONTH _____

DATE	DISTANCE	TIME	PACE	HR	REST HR	RUN TYPE	SHOES	NOTES

RUNNING / JOGGING LOG

YEAR _____ MONTH _____

DATE	DISTANCE	TIME	PACE	HR	REST HR	RUN TYPE	SHOES	NOTES

RUNNING / JOGGING LOG

YEAR _____ MONTH _____

DATE	DISTANCE	TIME	PACE	HR	REST HR	RUN TYPE	SHOES	NOTES

RUNNING / JOGGING LOG

YEAR _____ MONTH _____

DATE	DISTANCE	TIME	PACE	HR	REST HR	RUN TYPE	SHOES	NOTES

RUNNING / JOGGING LOG

YEAR _____ MONTH _____

DATE	DISTANCE	TIME	PACE	HR	REST HR	RUN TYPE	SHOES	NOTES

RUNNING / JOGGING LOG

YEAR _____ MONTH _____

DATE	DISTANCE	TIME	PACE	HR	REST HR	RUN TYPE	SHOES	NOTES

RUNNING / JOGGING LOG

YEAR _____ MONTH _____

DATE	DISTANCE	TIME	PACE	HR	REST HR	RUN TYPE	SHOES	NOTES

RUNNING / JOGGING LOG

YEAR _____ MONTH _____

DATE	DISTANCE	TIME	PACE	HR	REST HR	RUN TYPE	SHOES	NOTES

RUNNING / JOGGING LOG

YEAR _____ MONTH _____

DATE	DISTANCE	TIME	PACE	HR	REST HR	RUN TYPE	SHOES	NOTES

RUNNING / JOGGING LOG

YEAR _____ MONTH _____

DATE	DISTANCE	TIME	PACE	HR	REST HR	RUN TYPE	SHOES	NOTES

RUNNING / JOGGING LOG

YEAR _____ MONTH _____

DATE	DISTANCE	TIME	PACE	HR	REST HR	RUN TYPE	SHOES	NOTES

RUNNING / JOGGING LOG

YEAR _____ MONTH _____

DATE	DISTANCE	TIME	PACE	HR	REST HR	RUN TYPE	SHOES	NOTES

RUNNING / JOGGING LOG

YEAR _____ MONTH _____

DATE	DISTANCE	TIME	PACE	HR	REST HR	RUN TYPE	SHOES	NOTES

RUNNING / JOGGING LOG

YEAR _____ MONTH _____

DATE	DISTANCE	TIME	PACE	HR	REST HR	RUN TYPE	SHOES	NOTES

RUNNING / JOGGING LOG

YEAR _____ MONTH _____

DATE	DISTANCE	TIME	PACE	HR	REST HR	RUN TYPE	SHOES	NOTES

RUNNING / JOGGING LOG

YEAR _____ MONTH _____

DATE	DISTANCE	TIME	PACE	HR	REST HR	RUN TYPE	SHOES	NOTES

RUNNING / JOGGING LOG

YEAR _____ MONTH _____

DATE	DISTANCE	TIME	PACE	HR	REST HR	RUN TYPE	SHOES	NOTES